# TABLEAU

## POLITIQUE

# DE L'ALLEMAGNE.

A BRUXELLES,

Chez LECHARLIER, libraire.

A VARSOVIE,

Chez GLUCKSBERG, et compagnie, libraires.

IMPRIMERIE DE FAIN,

RUE DE RACINE, N°. 4, PLACE DE L'ODÉON.

# TABLEAU

POLITIQUE

# DE L'ALLEMAGNE;

Par C.-A. SCHEFFER.

# A PARIS,

Chez PLANCHER, Libraire, rue Serpente, n°. 14;
Et DELAUNAY, Libraire, Palais-Royal, galerie
de bois, n°. 243.

1816

# PRÉFACE.

Dans un moment où l'on s'occupe plus que jamais de la politique, où l'attention est fixée non-seulement sur les affaires intérieures de l'état, mais aussi sur tout ce qui se passe dans l'étranger, j'ai pensé que quelques détails sur la situation politique d'une grande nation voisine, ne seraient pas sans intérêt.

La connaissance exacte de la situation dans laquelle se trouvent les autres peuples et des rapports dans lesquels ils sont avec leurs gouvernemens, est d'une haute importance maintenant pour la France, qui se trouve placée, vis-à-vis des autres puissances, dans une position où jamais une grande nation ne s'est vue. Il ne suffit pas aux Français, pour savoir comment leur patrie reprendra sa position naturelle, de pouvoir calculer quelle force lui donnera le gouvernement constitutionnel consolidé de jour en jour par l'opinion publique et par les vœux, franchement exprimés, d'un souverain éclairé; il faut qu'ils sachent aussi quels événemens se préparent dans l'Europe, et quelle est la disposition des peuples à leur égard.

L'Allemagne, qui touche à la France par une frontière immense, est le seul pays avec lequel elle ait de grands rapports directs; il paraîtrait donc naturel que son état actuel fût connu des hommes qui s'occupent de la politique. J'ai été à même de pouvoir juger qu'il ne l'est point du tout. J'ai souvent entendu parler de l'Autriche comme si les sujets de cet empire constituaient la nation allemande, et presque tout le monde les regarde comme en étant une partie intégrante. Je me suis aperçu que peu de personnes connaissent cette nation, et par conséquent l'état de lumières et de civilisation auquel elle est parvenue.

Une opinion généralement répandue, est qu'il existe en Allemagne une haine nationale contre la France. Cette opinion changera après un examen plus approfondi; elle aurait des conséquences déplorables, puisqu'elle pourrait désunir à jamais deux nations, sous le vain prétexte d'une inimitié qui n'existe pas dans le cœur des Allemands.

L'erreur et l'ignorance dans lesquelles on est sur un sujet si important, proviennent de plusieurs causes. La langue allemande est presque étrangère aux Français. Les hommes qui ont visité l'Allemagne, n'ont point été à même de la juger. Ceux qui voudraient apprendre à la connaître, d'après les voyages ( dont aucun n'a été publié dans les derniers temps ), n'y trouveraient que des notions fausses, inspirées presque toujours par la partialité. Les ouvrages allemands qui traitent de la politique, et qui pourraient donner une idée des lumières de leurs auteurs, ne sont presque pas connus en France. Les feuilles périodiques écrites dans le sens de la partie éclairée de la nation ne parviennent qu'avec difficulté jusqu'à Paris, et les journaux de cette capitale ne peuvent communiquer à leurs lecteurs que les actes des gouvernemens, et jamais l'expression de l'opinion publique sur ces actes. Il résulte de là que les Français ignorent absolument la marche de l'opinion publique et le cours des événemens chez un peuple qui les touche de si près.

Ces considérations m'ont fait penser qu'un *Tableau Politique* de l'Allemagne pourrait intéresser les Français. Quoique persuadé que la tâche que je m'imposais était bien au-delà de mes forces, j'ai cru que mon travail ne serait pas tout-à-fait inutile. Il ne le sera pas, si j'ai pu prouver que la confédération germanique ne peut s'établir *actuellement*, par cela surtout que l'empire autrichien, *n'appartenant point à l'Allemagne*, doit avant tout être exclu de la confédération; que la nation allemande, au lieu d'être animée de dispositions hostiles envers la France, a intérêt à s'unir avec elle, et doit désirer par conséquent son indépendance et sa liberté.

Voilà les idées principales qu'on trouvera dans ce Tableau Politique, dans lequel j'ai cherché encore à faire connaître la lutte qui existe entre les peuples et les gouvernemens, et les causes qui l'ont produite. J'ose garantir que tout ce que je dis sur ce sujet, repose sur des faits authentiques. Quant à la conclusion contenue dans le dernier chapitre, elle est tirée de la nature des choses même ; je laisse aux hommes éclairés à juger si elle est fondée.

Pour ce qui regarde mon style, comme étranger, je suis obligé de demander l'indulgence de mes lecteurs. J'espère qu'ils pourront se convaincre, que, si je n'ai point vu le jour sur les rives de la Seine, de la Garonne ou du Rhône, je n'en souhaite pas moins avec ardeur la prospérité et le bonheur de la nation française, que je crois intimement liés avec la prospérité et le bonheur des autres nations éclairées de l'Europe.

# TABLEAU

## POLITIQUE

# DE L'ALLEMAGNE.

## CHAPITRE PREMIER.

*De l'Empire Germanique avant la révolution française.*

Les nations barbares qui envahirent l'empire romain, étaient partagées en une multitude de tribus qui, en s'établissant dans les pays conquis, en firent autant de monarchies et de principautés différentes qu'il y avait de tribus principales. Ainsi, la France, l'Espagne, l'Angleterre, l'Allemagne et l'Italie étaient divisées en un grand nombre d'états indépendans. En France, l'ambition cruelle de Clovis, la politique adroite de Charlemagne et de ses successeurs, surent réunir toutes les parties des anciennes Gaules sous un même sceptre. L'Espagne, à la suite des guerres contre les Maures, se trouva soumise à un seul roi par le mariage de Ferdinand-le-Catholique avec Isabelle. L'Angleterre avait déjà vu disparaître l'heptarchie des Saxons, quand Guillaume-le-Conquérant mit sa dynastie sur le trône anglais. La Russie même a vu son immense territoire réuni sous un seul monarque, et la dynastie des czars concentrer en elle le pouvoir des grands-ducs, tour à tour tributaires des Polonais et des Tartares.

L'Allemagne et l'Italie seules n'ont pu parvenir à l'unité politique, nécessaire pour leur donner la force qui pût assurer leur indépendance et les garantir de toute insulte de la part de l'étranger.

L'Italie, par ses montagnes et ses fleuves, semble être destinée à rester partagée en de petits états. Le caractère de ses habitans, leurs haines mutuelles, les assujétissent aux Autrichiens, plus encore que la force des armes.

L'Allemagne, par son étendue géographique, par les intérêts de plusieurs de ses parties, ne paraît pas non plus devoir former un seul empire. En effet, la plus grande partie du royaume des Pays-Bas et de la confédération Suisse, appartient d'une manière incontestable à l'Allemagne. Les Suédois et les Danois montrent, par leur langue, qu'ils ont eu une même origine que les peuples allemands. Ces états, d'après leur position, ont des intérêts particuliers trop divers pour qu'il soit possible qu'ils aient un centre commun. Ils ont cependant des intérêts généraux communs, et celui surtout de se garantir mutuellement leur liberté et leur indépendance. Une confédération devait donc paraître facile chez des peuples, qui, parlant la même langue, ayant les mêmes mœurs, devaient avoir une tendance naturelle à se rapprocher entre eux. Aussi voiton, dès l'aurore de la civilisation, l'Allemagne réunie par une confédération dont un empereur électif était le chef.

On sait quel a été le sort de cette confédération. Son histoire est celle des guerres que se livraient entre eux les princes qui en étaient les membres, et qui ne se réunissaient que quand il fallait attaquer le chef de l'empire. Plusieurs causes contribuèrent à donner peu de force au lien fédératif, et amenèrent sa destruction.

Les empereurs des maisons de Franconie et de Souabe, avaient fixé toute leur attention sur l'Italie qu'ils regardaient comme leur patrimoine. Ils négligeaient les affaires de l'empire pour s'assurer la possession du premier de ces pays. Les princes allemands profitèrent de cette disposition pour obtenir des empereurs de ces deux maisons, des concessions très-grandes.

Plus tard, quand l'empire fut devenu héréditaire dans la maison de Hapsbourg, les princes allemands ne virent plus dans l'empereur un chef qu'ils avaient choisi, mais un voisin entreprenant et puissant qui voulait les assujétir à sa domination. Ils cherchèrent alors à rendre la liberté aux électeurs, en élevant à l'empire des princes des autres maisons d'Allemagne. Mais comme ces entreprises ne firent que ruiner les princes de l'opposition, on s'accoutuma à laisser, aux descendans de Rodolphe, la dignité impériale qui bientôt ne fût plus qu'un vain titre.

La réforme vint partager ensuite l'Allemagne en deux parties. La guerre à laquelle elle a donné son nom était nationale pour les peuples; mais, en réveillant chez eux le désir de la liberté, elle leur fit perdre de vue les idées de

sûreté et de confédération. Les princes em-
brassèrent le luthéranisme par politique ; ils y
virent un nouveau moyen de s'affranchir de la
domination autrichienne. Le congrès de West-
phalie, en établissant en principe l'équilibre
entre les deux partis, ne fit que constituer l'a-
narchie dans la confédération germanique.

La grande élévation de la maison d'Autriche devint encore fatale à l'Allemagne sous
d'autres rapports. Deux états, membres de la
confédération, fatigués de la tyrannie des
princes autrichiens, se révoltèrent contre eux
et se constituèrent en républiques indépendantes. Ainsi l'Allemagne vit se séparer d'elle
ses deux boulevarts contre la France, la Hollande et la Suisse.

Enfin, l'agrandissement de la Prusse fit écrou-
ler entièrement l'édifice déjà ébranlé de la confédération germanique. Dès que ce royaume
militaire put tenir tête à l'Autriche, les petits
états du Nord y trouvèrent un appui contre
le pouvoir impérial, et la confédération cessa
d'exister de fait avant que Bonaparte en effaçât
jusques au nom.

L'ancienne constitution de l'empire ne con-
tenait point de stipulation en faveur des peu-

ples. Les petits princes n'étaient nullement gênés dans l'exercice de leurs droits de souveraineté. Ainsi, les princes de Waldeck, de Hesse-Cassel, etc., pouvaient impunément vendre leurs sujets à la Hollande, à l'Angleterre qui envoyaient les régimens qu'elles avaient achetés de ces princes, périr dans les colonies. L'empire germanique était sorti du régime féodal ; les peuples y étaient comptés pour rien, les princes seuls en faisaient partie. Par cela même on pourrait expliquer la faiblesse du lien fédératif : car tous les actes qui n'ont point leur garantie dans l'assentiment et dans la coopération du peuple, mais seulement dans les volontés particulières des princes, changent comme les dispositions et les intérêts du peu d'hommes sur lesquels ils reposent.

Tous ces vices et ces défauts qui existaient dans l'ancienne constitution fédérative, firent que les Allemands, dont l'attention principale était fixée d'ailleurs sur les idées de liberté individuelle que la réforme avait fait naître, ne prêtaient point à la confédération l'appui de l'opinion publique ; mais, bientôt après sa destruction par les conquêtes de Bonaparte, les idées de sûreté et de liberté générale devaient se combiner avec les idées de liberté indivi-duelle, pour donner à la nation germanique un mouvement et une action qui dorénavant doivent lui assurer l'une et l'autre.

# CHAPITRE II.

*Causes des progrès rapides que les lumières et la civilisation ont faits en Allemagne, dans le dix-huitième siècle.*

Sɪ l'Allemagne était malheureuse par les défauts de sa constitution générale, les constitutions particulières n'étaient point faites pour l'en dédommager. La plupart des états n'en avaient point, d'autres possédaient une espèce de représentation par des états (*landstanden*), qui avaient le droit de voter par oui et par non sur divers objets, comme les impôts, etc. Ces états, origine des corps représentatifs, auxquels l'Angleterre a dû sa richesse et sa puissance, que la France et les Pays-Bas ont adoptés maintenant, avaient pris naissance dans les mœurs et les institutions des peuples germaniques qui les introduisirent dans les pays qu'ils se soumirent. Aussi les retrouve-t-on chez les Saxons, conquérans de l'Angleterre, sous le nom de *Wittenage-mote* ; en France, dans les Champs de mai ; en Espagne, dans les Cortès ; enfin, sous divers noms également connus,

dans tous les pays où les Germains appor-
tèrent leurs institutions. Quand les Sept
Provinces Unies s'affranchirent du joug de
Philippe II, les états représentatifs furent la
base de leur gouvernement républicain :
cette institution reçut alors tous les déve-
loppemens dont elle est susceptible ; aussi aucun peuple moderne ne fut jamais plus libre
que les Hollandais.

Le Wurtemberg possédait également une
constitution très-libérale, fondée sur les états
représentatifs qui avaient été supprimés dans la
plupart des pays de la confédération, ou écrasés par le gouvernement militaire contre lequel
la meilleure constitution ne saurait tenir.

A l'exception de ce pays, la presque totalité
de l'Allemagne, comme la plus grande partie
de l'Europe, gémissait sous des gouvernemens
absolus, et arbitraires par conséquent. Alors
les princes ne connaissaient encore d'autres
règles de conduite que leurs volontés, l'opinion
publique n'exerçait pas encore sa censure sur les
actes des gouvernemens, et ne leur prescrivait
pas de considérer avant tout le bien général.
Les progrès des lumières et de la civilisation
vinrent adoucir enfin la déplorable situation

des peuples. Plusieurs causes contribuèrent à
répandre en Allemagne les idées libérales.

La réforme qui créa la république de Hollande, à laquelle l'Angleterre doit sa constitution, qui fit faire des progrès étonnans par
toute l'Europe dans les sciences et dans l'industrie, se répandit le plus rapidement en
Allemagne. Là elle causa la guerre de trente
ans, première guerre dans laquelle le peuple
combattit pour sa propre cause : aussi y développa-t-il pour la première fois un caractère
national qui lui assura la victoire.

Rien n'agit si puissamment sur un peuple
qu'une guerre nationale. Tout le monde y a
pris part, y a porté les armes, ou a contribué
au succès par ses efforts et des sacrifices généreux ; la nation a appris à connaître ses forces.
L'enthousiasme survit à la victoire et se porte
alors sur les affaires intérieures. On veut être
récompensé de ce qu'on a souffert volontairement, et jamais une guerre nationale ne s'est
faite sans que les lumières et les idées libérales
n'y aient gagné.

Une autre cause des progrès de la civilisation
en Allemagne, est celle qui, sous d'autres rapports, lui fut si désastreuse : je veux dire sa

division en un grand nombre de petits états. Les princes avaient embrassé presque tous la religion luthérienne. Plusieurs de ces princes, qui ne pouvaient briller par l'étendue de leurs états et par leur puissance, sentirent que le seul moyen de donner de l'éclat à leur cour était de protéger les arts et les sciences, et de donner à leurs sujets une liberté plus grande que celle dont jouissaient les habitans des pays voisins. Ainsi le Hesse-Darmstadt, le Weimar, le Saxe-Gotha, furent de tous temps des foyers de lumières. La liberté de la presse était pour ces états une source importante de prospérité, puisqu'on venait y imprimer tout ce qui était prohibé ailleurs. Aussi fut-il toujours difficile en Allemagne d'opprimer la pensée.

Les villes libres de leur côté, étant toutes des petites républiques qui ne pouvaient fleurir qu'autant que la liberté individuelle y était mieux respectée, avaient un intérêt particulier à donner un asile à tout ce qui était persécuté dans les états despotiques. La forme de leur gouvernement, toute leur organisation servit à entretenir ces idées de républicanisme que la lecture des anciens avait fait naître dans toute l'Europe.

Les universités, dont l'organisation, dès l'origine, a toujours été fort libérale en Allemagne, contribuèrent puissamment à y répandre l'amour de la liberté. Les princes étaient obligés de respecter les droits et les constitutions de ces universités, puisqu'en les attaquant, ils étaient certains de les détruire. Or, les universités sont pour les petits états une source trop importante de prospérité, pour que jamais les princes aient tenté de s'exposer à les perdre. C'est ce qui fit que même dans des états gouvernés despotiquement, comme dans les duchés de Bade, l'électorat de Hanovre, etc., les universités de Heidelberg et de Goettingue, jouissaient de toutes les libertés possibles. D'après les droits qui leur étaient assurés, les étudians n'étaient point justiciables de l'autorité ordinaire ; les curateurs et les recteurs étaient leurs juges naturels. Parmi eux il n'y avait d'autre distinction que les talens ; tout respirait dans ces institutions l'esprit de la liberté et de l'égalité politique. Les jeunes gens revenus des universités étaient tous imbus de cet esprit, qu'ils devaient modifier nécessairement en rentrant dans la vie *ordinaire* ; mais il leur en restait assez pour que jamais ils ne pussent concilier leur penchant à l'indépendance avec la soumission au despotisme.

Comme chaque université était visitée des jeunes gens de toutes les parties de l'Allemagne, elles servirent encore à remplacer le patriotisme saxon, prussien, etc., par le patriotisme germanique (1).

Toutes ces causes avaient fait marcher rapidement les idées libérales en Allemagne; et quoiqu'il y existât, comme en France, avant la révolution, une liberté de fait assez grande; de droit, il n'y en avait aucune. D'ailleurs les priviléges excessifs de la noblesse indignaient des hommes qui sentaient ce qu'ils valaient, et qui, par de ridicules préjugés, se voyaient dans l'im-

---

(1) L'influence du système des universités s'est surtout fait sentir dans les dernières guerres. Tous les étudians y ont porté les armes comme volontaires.

On vient d'abolir aux universités allemandes tout ce qui rappelait et maintenait la division de la patrie; il y existait autrefois des corps dans lesquels il fallait entrer, et qui portaient le nom des diverses provinces de l'Allemagne; maintenant il n'y existe plus qu'un seul corps d'*Allemands*.

possibilité de servir leur patrie , à moins qu'ils ne consentissent à ramper toujours dans les places subalternes.

Ainsi la révolution française devait trouver en Allemagne beaucoup de partisans. Et si ce pays avait été réuni dans un seul empire , s'il avait eu un centre général , influant sur les provinces , comme Paris sur les départemens , la révolution française se serait communiquée dès le commencement par toute l'Allemagne. Mais sa division en cinquante souverainetés, division qui , comme il a été dit plus haut, avait contribué beaucoup à faire avancer les lumières et la civilisation , empêcha alors qu'un même feu ne se communiquât à toutes les parties de ce vaste corps.

Cependant la révolution française exerça une grande influence sur l'Allemagne. L'ancien parti démocratique dans la Hollande favorisa les armes françaises , contribua à l'expulsion du Stathouder , et les Sept Provinces Unies se formèrent en république d'après le modèle de la république française. Les villes libres , les habitans des petits états voisins du Rhin , se déclarèrent ouvertement en faveur de la révolution. En Prusse elle avait pour partisans tous

les hommes éclairés. Les poëtes, les écrivains,
la célébrèrent dans des écrits remplis d'enthousiasme. Ce qu'ils publièrent sur ce sujet, servit
à répandre de nouvelles idées dans toutes les
classes, et on vit alors qu'il était possible de
rendre positives les idées abstraites de liberté
qui existaient depuis long-temps.

# CHAPITRE III.

*Influence de la domination française sur l'Allemagne.*

Les hommes éclairés en Allemagne étaient donc favorables aux améliorations que le commencement de la révolution française promettait aux peuples. Un grand nombre de ces étrangers libéraux vint alors visiter le pays qu'ils regardaient comme la patrie de la liberté. Plusiéurs d'eux payèrent de leur vie l'intérêt qu'ils avaient pris à la révolution. Mais si les horreurs dont ils furent témoins, et dont ils transmirent la connaissance à leurs compatriotes, pouvaient dégoûter ceux-ci des idées de républicanisme qu'ils avaient conçues d'abord, rien ne put décourager en eux l'amour de la liberté. Les beaux commencemens de la révolution avaient excité trop d'enthousiasme dans les cœurs, et si l'on reconnut qu'une république romaine ou grecque est impraticable chez une grande nation de nos jours, le désir de se voir gouverner par une constitution libérale ne fit qu'augmenter.

On a dit , avec raison , qu'un homme ne sent jamais mieux le prix de la liberté que quand il est enfermé dans un cachot. La même chose peut être appliquée aux peuples. Si une fois ils ont conçu le désir d'être libres , plus on les opprimera , plus ce désir deviendra violent. L'Allemagne peut servir d'exemple et de preuve de cette vérité. Elle sentait le besoin de voir disparaître l'arbitraire dans le gouvernement, mais rien ne faisait éclater encore la flamme qui couvait sous les cendres. L'Allemagne est vaincue par le gouvernement militaire établi en France. Elle perd les libertés et les droits même qu'elle possédait depuis des siècles , et l'esclavage dans lequel elle a gémi pendant dix ans, n'a fait qu'augmenter chez elle le besoin d'être libre.

La domination française sur l'Allemagne eut donc l'effet d'y rendre plus général encore l'amour de la liberté. Elle servit aussi à faire sentir par toute la nation la source des malheurs qu'elle éprouvait , et à en faire désirer ardemment le remède. La source était la division de l'Allemagne, les rivalités de ses princes, qui leur faisaient invoquer du secours étranger pour s'entre-détruire, et pour s'agrandir aux dépens l'un de l'autre, mais surtout aux dépens de la patrie commune. On sentit que l'unique remède contre les maux qui résultaient de ce système de division, était d'en élever un autre qui, en diminuant les droits de souveraineté des princes, les mît dans l'impossibilité de se nuire entre eux, et de contribuer ainsi à l'asservissement de l'Allemagne. Dès lors on conçut l'idée d'une nouvelle confédération germanique, qui, en limitant les droits des princes dans l'exercice de la souveraineté, formerait de l'Allemagne un seul corps politique.

Ces idées de liberté particulière et générale se répandirent bientôt dans toutes les classes, surtout lorsqu'une société se fut formée en Prusse, pour réveiller le patriotisme des Allemands, et pour les préparer à secouer le joug de Bonaparte. Cette société, composée des hommes les plus éclairés de la nation, comprit que le seul moyen de rompre les chaînes qui pesaient sur leur patrie, était de persuader au peuple que, si une fois il s'était délivré du joug présent, il jouirait d'une liberté plus grande que jamais, et que, par suite des sacrifices et des efforts nécessaires pour sa délivrance, il ne courrait plus le danger de retomber dans les mêmes malheurs.

Bonaparte jugea d'abord l'importance d'une telle société ; il s'en sentit menacé et voulut la détruire. Il fit enlever plusieurs de ses membres. D'autres trouvèrent des prisons dans l'Autriche où ils s'étaient réfugiés. Mais ces persécutions ne firent que la rendre et plus populaire , et plus forte; et le *Tugenbund* (1) devint une puissance ennemie de Bonaparte, puissance d'autant plus formidable , qu'il ne pouvait point lui livrer une bataille et l'abattre par une seule défaite , comme il avait fait des armées commandées par les princes. Au contraire , plus il la combattait, plus il augmentait ses forces. Ainsi , en partant pour la campagne de Russie, il laissait derrière lui des ennemis implacables , bien organisés, qui n'attendaient qu'une occasion favorable. pour l'attaquer, et qui exerçaient la plus grande influence sur l'esprit du peuple, en lui persuadant que, s'il brisait le joug français, l'Allemagne, devenue plus sage par l'expérience , se réunirait par un lien solide qui , en lui donnant le complément de sa force, ferait échouer contre elle tous les efforts de ses ennemis.

_______________

(1) Union de la vertu.

# CHAPITRE IV.

*État de l'Allemagne en 1812 et 1813.*

L'Allemagne offrait, en 1812 et dans le commencement de 1813, un aspect singulier. Toutes les places fortes étaient occupées par les Français qui dominaient sur le pays par la terreur. En Prusse il y avait complète anarchie. Le roi n'était plus respecté ni obéi. Forcé de suivre en tout les volontés de l'ambassadeur de Bonaparte, tantôt il se vit obligé de renvoyer ses généraux les plus fidèles, tantôt d'abattre les fortifications du peu de places qui lui restaient.

Les Français ont senti, à leur tour, pendant quelques momens tout ce que fait souffrir la domination de soldats étrangers. Aucun malheur plus grave ne peut arriver à une nation. Aussi tant qu'elle l'éprouve, elle ne doit tendre qu'à s'en délivrer. Chaque jour appesantit ses chaînes et affaiblit ses forces ; les moyens dont elle aurait pu se servir contre ses ennemis passent entre leurs mains. Ainsi, qu'elle tarde le moins possible à prendre la résolution de tout hasarder ; qu'elle se rappelle que sa situation est la plus malheureuse possible ; que rien de pire ne peut lui arriver ; qu'en pareil cas le plus tôt est le meilleur.

Ici, le morcellement de l'Allemagne, qui avait rendu sa conquête facile, lui fut encore fatal. Bonaparte avait naturellement des auxiliaires dans les gouvernemens mêmes. La stupeur des princes était si grande ! Tant de motifs les enchaînaient au char du vainqueur ! Leurs engagemens avec lui étaient si multipliés, que les peuples, même après la retraite de Moscou, n'osaient encore rien espérer. Les princes de la confédération du Rhin étaient les sincères alliés de leur protecteur. Presque tous avaient obtenu de lui des agrandissemens de territoire, et leurs humbles titres d'électeur, de landgrave, avaient été changés en ceux de rois et de grands-ducs. C'était à son secours que plusieurs d'entre eux devaient le renversement des constitutions de leurs peuples, et l'établissement d'un gouvernement militaire et absolu. Ils étaient à la vérité dans une certaine dépendance du protecteur de la confédération ; mais, comme cette dépendance est le sort ordinaire des petits états, ils préféraient celle de la France à celle de l'Autriche, dont les tentatives pour obtenir un empire absolu sur l'Allemagne, n'étaient point encore oubliées, et à celle de la Prusse, dont l'élévation subite avait froissé les jalousies et les intérêts des petits princes, jadis les égaux des successeurs de Frédéric II.

Les rois de Bavière, de Wurtemberg, le grand-duc de Bade, etc., armèrent donc tous en faveur de Bonaparte et de son système, et joignirent leurs armées aux siennes. Le roi de Saxe, qui s'était retiré à Prague près de l'empereur d'Autriche, vint après la bataille de Lutzen se réunir, avec une armée de trente mille hommes, à celle de l'ennemi des nations et de leur liberté; il vint se joindre à l'homme qui avait plongé dans la désolation toute l'Allemagne.

Quant au roi de Prusse, sa situation, et par conséquent sa conduite, furent tout-à-fait différentes. Il ne pouvait oublier les humiliations qu'il avait souffertes; et si, au commencement de la campagne de Russie, il joignit trente mille hommes à l'armée française, ce fut parce qu'il y était forcé : toutes ses places, tout le pays étaient occupés par les Français. La neutralité était impossible, et appeler les Russes dans ses états, c'était les exposer aux ravages d'une guerre cruelle, et dont la chance pouvait lui être fatale. Après la catastrophe de la Bérésina, sa conduite fut encore incertaine. De grandes ressources restaient encore à Bonaparte. Il pouvait prendre sa revanche dans une nouvelle campagne, et alors le roi de Prusse partageait le sort de l'électeur de Hesse-Cassel et d'autres princes expulsés de leurs états. Il fut tiré de cette indécision par le peuple prussien. A peine entendit-il parler d'une nouvelle armée, qui joindrait celle de son oppresseur, que l'indignation générale éclata. Si le roi n'avait pris alors un parti opposé, sa personne n'était plus en sûreté. Il sortit donc pendant la nuit de Berlin, et se rendit à Breslau, où se trouvaient réunis sa garde et le faible reste de son armée. Là il fut suivi par tous les patriotes allemands. Des volontaires y arrivèrent de tous côtés, et bientôt il se vit à la tête d'une armée ardente de venger les humiliations et les malheurs de la patrie.

Dans ce moment les sociétés secrètes agirent encore puissamment sur le peuple; les idées de liberté et de réorganisation de l'Allemagne, excitèrent à tous les sacrifices , à tous les efforts qu'une nation peut faire en de pareils momens. Malgré la détresse et la misère générale , les dons patriotiques furent énormes. Les savans, les professeurs , vinrent combattre à la tête de leurs élèves pour la cause de la liberté. Le roi, touché sans doute par un pareil dévouement, dont une partie, au moins, était pour sa personne et pour sa maison, promit solennellement de récompenser le peuple , après la guerre , par une constitution libérale (1). L'organisation de la *landwehr* fut très-libérale aussi. Et bientôt les Prussiens, secondés par les Russes, parvinrent à faire évacuer leur pays par les Français , et à les assiéger dans les places fortes.

Tout le monde connaît l'histoire de la campagne de 1813. On sait quelle fut la conduite des princes allemands. Après avoir sacrifié leurs soldats et leurs trésors pour la défense du chef de la confédération du Rhin , ils avaient formé la *landwehr* pour soutenir sa cause. Cette troupe nationale refusa de combattre ses com-

---

(1) Voyez la proclamation de Kalitsch.

patriotes , et força les princes à écouter les
propositions des puissances alliées , qui dans
ce moment venaient de remporter quelques
succès. Ainsi , peu de jours avant la bataille de
Leipsick , tous les princes allemands , à l'exception des rois de Saxe et de Wurtemberg , et du
grand-duc de Bade , avaient abandonné Bonaparte , et de ces trois le roi de Wurtemberg et
le duc de Bade le quittèrent après la bataille.
Le roi de Saxe offrit le spectacle d'un souverain fait prisonnier de guerre.

Quand les princes eurent abandonné le parti
de l'esclavage de leurs peuples , ils se crurent
obligés, pour se réconcilier avec leurs nouveaux
alliés, à faire de grands efforts pour leur cause.
Ils demandèrent donc à leurs états des sacrifices
considérables en hommes et en argent. Mais
pour les obtenir ils se virent forcés de suivre
l'exemple du roi de Prusse et de promettre solennellement qu'ils rempliraient les vœux de la
nation , en donnant des constitutions particulières , et en contribuant à consolider le bonheur de l'Allemagne par une confédération
générale.

Ces promesses arrachées aux princes par la

force de l'opinion publique concoururent, autant que le désir de la vengeance, qui animait
les Allemands contre leur oppresseur, à faire
prendre les armes à tout homme en état de les
porter.

# CHAPITRE V.

*Mécontentement de l'Allemagne au sujet des transactions du Congrès de Vienne, qui ne remplit aucun des vœux de la nation.*

Lorsque le traité de Paris, de 1814, eut été conclu, les Allemands eurent donc raison de se livrer aux espérances les plus flatteuses. Mesurant la bonne volonté de leurs princes sur leurs promesses, ils se flattèrent de parvenir bientôt au but de leurs vœux. Comme ils avaient peu ou point d'expérience en fait de politique intérieure, ils croyaient qu'il suffisait de la volonté mutuelle des gouvernemens et des gouvernés, pour qu'une bonne constitution pût s'établir. Ils se virent trompés dans leur attente, quand ils apprirent que cette affaire avait été remise au congrès des souverains, qui devait bientôt s'ouvrir à Vienne.

L'ouverture de ce congrès, sur lequel reposaient tant d'espérances, fut remise successivement du 1er. mai jusqu'au milieu de juillet ; et, quand il fut enfin rassemblé, des intérêts si multipliés s'y croisèrent, s'y entre-choquèrent, qu'il fut impossible d'y travailler à l'établissement de la confédération germanique et des constitutions particulières.

Tout le monde connaît les actes du congrès de Vienne, comment, en s'occupant uniquement des intérêts des princes, il blessa ceux de tous les peuples et frustra leur attente. On se rappellera également l'impatience que les Allemands firent éclater dans tout ce qui fut publié dans ce temps. Les états de Prusse envoyèrent une députation à leur souverain, pour lui demander l'accomplissement de ses promesses. Les journaux du temps ont publié la réponse de ce prince, réponse par laquelle il fit savoir que des projets de constitution lui avaient été soumis, qu'il ne les avait pas trouvés assez libéraux, mais que bientôt la commission chargée de ce travail, l'aurait corrigé d'après ses remarques. Cette réponse confirma les espérances des Prussiens, et ils attendirent avec confiance les effets de la promesse renouvelée de leur monarque.

La lutte entre les états du Wurtemberg et le roi de ce pays commença environ dans le même temps. Dès que les états furent convoqués, ils exigèrent le rétablissement de l'ancienne constitution du pays. Le roi s'y refusa, et le Wurtemberg est resté depuis dans une espèce d'incertitude et de trouble qui ne peut plus durer long-temps.

Les autres états allemands, le Bade, le Hesse-Cassel, etc., réclamèrent également les libertés et les droits qu'on leur avait promis ; tous le firent sans succès.

Si l'Allemagne vit ses espérances trompées sous le rapport des constitutions qu'elle croyait devoir obtenir de suite, elle ne fut pas moins trompée dans son attente de voir bientôt s'établir une nouvelle confédération germanique. Comme c'est là la grande question politique dans laquelle est renfermé tout ce qui intéresse l'Allemagne, je vais examiner ce qu'elle peut espérer sous ce rapport.

# CHAPITRE VI.

*De la possibilité d'établir une confédération germanique.*

La confédération germanique désirée par les peuples, reconnue par les princes comme nécessaire, et à laquelle ils avaient promis de travailler au congrès de Vienne, devait prévenir les guerres intestines en soumettant les différens des souverains à la décision d'un tribunal suprême, ou diète, et donner à l'Allemagne le complément de sa force envers les puissances étrangères.

La constitution fédérative devait détruire l'arbitraire dans les gouvernemens, prescrire l'établissement des constitutions représentatives, établir la liberté de la presse par toute l'Allemagne, enfin donner aux Allemands le droit de se transporter avec toutes leurs propriétés d'un état dans un autre. Par cet article, il était reconnu qu'un Prussien, qu'un Badois, sont citoyens d'un même pays, qui est l'Allemagne (1).

Ainsi il faut, d'une part, que les princes accordent à leurs sujets les droits et les libertés qu'ils leur ont refusés jusqu'à ce jour ; de l'autre côté, qu'ils renoncent d'une manière solennelle et sincère au droit de faire des alliances avec les puissances étrangères, d'en accepter des subsides, de leur en accorder, de se liguer les uns contre les autres, enfin, qu'ils s'engagent à faire le sacrifice de leurs volontés et de leurs intérêts particuliers à la volonté et à l'intérêt général.

Ici il faut juger de l'avenir d'après le passé. Quelle probabilité y a-t-il que les rois de Bavière, de Wurtemberg, de Saxe, les grands-ducs et princes sous lesquels l'Allemagne est partagée, féront le sacrifice d'une partie de leurs droits de souveraineté en faveur de l'Autriche ou de la Prusse ; que la Prusse, surtout, agira

---

(1) Voyez le projet de constitution germanique, imprimé à la fin des actes du congrès. Cette pièce est extrêmement curieuse, puisque par elle les princes reconnaissent les droits des peuples, quoiqu'ils ne soient pas disposés à les leur accorder.

jamais dans l'intérêt de l'Autriche, ou cette dernière dans l'intérêt de sa rivale ? Ce dernier problème , surtout, serait difficile à résoudre. C'est l'agrandissement de la Prusse qui a renversé l'empire germanique. En effet , il est impossible que deux grandes puissances dont l'une se voit forcée à chercher toujours à se consolider et à se fortifier, puissent être *confédérées* ; il est impossible encore que l'une se soumette à la suprématie de l'autre. La difficulté principale serait donc surmontée si une de ces deux puissances ne faisait point partie de la nouvelle confédération, et si elle en était exclue par la volonté des peuples ou par l'accord des princes.

Exclure de la confédération germanique la Prusse, le seul état allemand puissant, et dont les intérêts sont entièrement ceux de l'Allemagne, serait une chose absurde autant qu'impossible.

Examinons de quels élémens l'empire autrichien est composé, afin de pouvoir juger ensuite s'il peut faire partie de la confédération projetée.

L'empire d'Autriche est composé de la Hongrie, de la Bohême, de l'Esclavonie, d'une partie de la Pologne , des provinces illyriennes,

de la Croatie, de la Transylvanie, d'une partie
de l'Italie, pays absolument étrangers à l'Allemagne, où la langue allemande est presque inconnue, mais dans lesquels se trouvent cependant toute la force et la puissance de l'empire
autrichien, et dans lesquels résident ses plus
chers intérêts. La province d'Autriche même,
quoique la langue allemande y soit généralement répandue, n'appartient pas à la Germanie.
Elle a été conquise sur les Sclavons, dont la
race subsiste encore dans les habitans actuels,
qui, par leur différence avec les Allemands,
montrent assez qu'ils n'ont point eu une même
origine qu'eux. La haine qui existe entre ces
deux peuples en est une nouvelle preuve.

C'est donc à tort qu'on regarde généralement
l'empire autrichien comme partie intégrante
de l'Allemagne. Les archiducs d'Autriche,
avant Rodolphe de Habsbourg, quoique de race
allemande et possédant des états assez considérables, n'étaient point investis de la dignité
électorale ; jamais aucun d'eux n'était monté sur
le trône impérial. Quand leur maison fut étein-
te, sous le règne de Rodolphe de Habsbourg,
l'Autriche devint le partage d'un de ses fils, et
par la suite un des apanages principaux de sa fa-

mille. La Moravie, la Transylvanie, la Bohême et la Hongrie eurent ensuite le même sort. La réunion de tous ces états donna à la maison de Habsbourg cette prépondérance en Allemagne, dont j'ai indiqué plus haut les fatales conséquences.

Ainsi l'Autriche, ayant ses intérêts dans des pays étrangers à l'Allemagne, ne peut faire partie de la confédération germanique sans l'entraîner dans la défense de ces intérêts. Les états allemands, qui veulent avant tout jouir de l'indépendance et de la liberté, seront obligés, dans cette supposition, de combattre pour l'asservissement de l'Italie ou de la Pologne, ou bien de refuser du secours à un état confédéré, ce qui serait dissoudre la confédération.

Par ces raisons seules, l'Autriche ne peut faire partie de la confédération germanique.

D'autres raisons se présentent encore pour l'en exclure. Le gouvernement autrichien est absolu. Les sujets de cet empire, accoutumés à cette forme de gouvernement, sont infiniment inférieurs en civilisation aux peuples allemands; ils ne sentent pas le besoin de la liberté, d'une constitution, de ces droits enfin que réclament ou que possèdent les autres nations européennes.

Or, la constitution fédérative doit établir par toute l'étendue de la confédération les gouvernemens représentatifs, la liberté de la presse, et la liberté des cultes que le gouvernement impérial n'accordera jamais à ses états, et dont ceux-ci ne sauraient pas profiter quand même on les leur donnerait. Un gouvernement qui veut maintenir l'arbitraire par rapport à ses sujets, ne soutiendra jamais les idées libérales chez les autres peuples (1). Il craindra toujours la contagion. L'empire autrichien, membre de la confédération, serait donc un élément hétérogène, une espèce de monstruosité.

Si donc on voulait reconstruire la confédération germanique avec les mêmes élémens qui composaient l'ancien empire, n'est-il pas évident qu'elle ne serait qu'une alliance de quelques puissances; alliance momen-

---

(1) Non-seulement les peuples gouvernés par la maison d'Autriche sont en arrière pour les lumières et la civilisation, mais ils le sont aussi pour les sciences, les arts, la littérature. Cet immense empire n'a produit depuis son existence rien de remarquable en aucun genre. Un gouvernement absolu étouffe tout germe de culture.

tanée, et qui bientôt serait dissoute, comme toutes celles conclues par les princes sur la base de leurs intérêts du moment? L'Autriche prétendrait encore à être le chef de la confédération, et à s'en servir pour agrandir sa puissance; elle aurait encore des démêlés avec la Prusse, démêlés qui seraient jugés par les armes. En vain établirait-on un tribunal pour juger les différens des princes : où trouver la garantie suffisante de l'obéissance de ces deux grandes rivales aux décisions de ce tribunal composé des envoyés des petits états? Il n'y a nul doute que, pour donner quelque stabilité à la confédération, il faut que l'Autriche en soit exclue.

Comment opérer cette exclusion ? L'Autriche a refusé au congrès la couronne impériale qui lui était offerte par les petits princes. Elle sentait que cette couronne ne serait pour elle qu'un fardeau, et point un accroissement de puissance. Cependant elle ne renoncerait pas à faire partie de la confédération, puisque alors la Prusse acquerrait trop d'influence en Allemagne.

Cette exclusion ne peut donc se faire qu'en deux cas : ou bien les princes allemands reconnaîtront qu'il est de leur intérêt de former une confédération durable, qui garantisse l'indépendance de leurs états ; ou bien les peuples auront acquis un jour les droits et le pouvoir de décider eux-mêmes sur les grandes questions qui les touchent de si près. Quant au premier cas, les princes se décideront difficilement à sacrifier en faveur de la patrie le beau droit de se faire la guerre, de s'allier à la Russie, à la France, à l'Angleterre, pour combattre contre une partie de l'Allemagne, enfin cette espèce d'indépendance que l'on perd toujours en se soumettant aux lois de la *société*. Quant au second, les peuples ne sont pas encore parvenus au point où des constitutions fortes et libérales auront donné à la nation des représentations assez indépendantes, assez puissantes pour consommer un pareil ouvrage.

Le congrès de Vienne ne pouvait donc résoudre les difficultés relatives à la confédération germanique. Pendant son existence les souverains ne publièrent point les constitutions promises aux peuples, quand on avait besoin de leurs efforts et des sacrifices les plus pénibles. Si ces deux points remplirent de mécontentement toute l'Allemagne, les autres actes du congrès n'étaient point faits pour l'en dédommager. On sait de quelle manière les provinces y furent adjugées à tel ou tel prince, sans égard pour les volontés ou les désirs de leurs habitans, mais seulement d'après le nombre d'âmes que renfermait la province. De pareilles transactions ont dû laisser une grande aigreur dans l'esprit des hommes qui voyaient disposer d'eux comme de vils troupeaux.

Aussi le congrès ne pouvait-il trouver de moment plus favorable pour se dissoudre, que le moment où l'apparition de Bonaparte en France, en attirant l'attention principale des peuples sur cet homme qui les avait si long-temps opprimés, ne leur permettait pas de mettre dans leurs affaires intérieures toute l'ardeur nécessaire. Cet événement qui força de nouveau les souverains à demander à leurs sujets des sacrifices, que le patriotisme et l'enthousiasme de la liberté peuvent seuls faire supporter, leur donna en même temps l'occasion de promettre qu'ils rempliraient les vœux des Allemands à une diète germanique dont l'ouverture fut fixée irrévocablement au 1<sup>er</sup>. septembre 1815.

# CHAPITRE VII.

*Causes de l'acharnement que montrèrent les Allemands dans la seconde guerre contre Bonaparte.*

La seconde guerre contre Bonaparte commença avec une grande unanimité des princes, et avec une ardeur singulière de la part des peuples. Ni l'une ni l'autre ne doivent nous étonner. Quoique les princes eussent eu de grands différens au congrès, et qu'un traité d'alliance offensive et défensive eût été conclu à Vienne entre trois états contre une autre puissance dont ils ne voulaient point remplir les prétentions, cependant ils devaient être d'accord contre celui qui avait été l'ennemi d'eux tous, qui avait voulu détruire la monarchie autrichienne, renvoyer en Asie l'empire russe, qui avait manifesté le dessein de faire du royaume prussien un état pour un de ses généraux ; enfin, contre celui qui les avait humiliés tous, et qui les inquiétait encore. D'ailleurs, cette guerre contre l'ennemi de la liberté des peuples , les réconciliait avec leurs sujets, dont ils n'avaient point rempli les vœux.

Quant à l'ardeur que les peuples allemands déployèrent dans cette guerre contre Bonaparte et ses partisans, elle était motivée par plus d'une raison.

Qui connaît ce que fait souffrir l'insolence d'un soldat étranger dans un pays conquis, peut se faire une idée de ce que l'Allemagne a souffert pendant plusieurs années de suite. Le militaire français, corrompu par de longs succès et une longue absence de sa patrie, qui ne se battait plus pour la défense de ses foyers, mais pour le fantôme de la gloire et pour la Légion-d'Honneur, faisait sentir aux peuples vaincus toutes les humiliations qu'un vainqueur insolent peut faire endurer. Le soldat français était devenu l'horreur des autres nations.

Les généraux qui gouvernaient l'Allemagne pendant la domination française, n'avaient pas peu contribué à cette haine contre le parti militaire en France. Je ne veux point citer ici tous les actes injustes, et atroces même, dont ils se sont rendus coupables : je ne veux pas les nommer , parce qu'ils sont malheureux en ce moment. Mais tout homme impartial sentira combien l'Allemagne devait détester celui qui , en temps de paix , fit arracher d'un territoire étranger un libraire qui avait imprimé un livre contre Bonaparte, et le fit fusiller , sans jugement , sans forme judiciaire , sur son noble refus de nommer l'auteur du livre.

Celui qui, dans la ville de Posen , avant la paix par laquelle la Prusse céda ce grand duché, fit exécuter deux magistrats, parce qu'ils étaient restés fidèles à leur souverain , méritait l'exécration de l'Allemagne et de tous les peuples civilisés.

Il n'est donc pas étonnant que les Allemands vissent avec inquiétude et avec déplaisir les hommes qui les avaient opprimés, redevenir puissans en France ; leur prospérité les offensait. Un gouvernement militaire, chez une nation que le prestige de la gloire pouvait entraîner encore à être conquérante , devait alarmer les peuples jaloux de leur indépendance. D'ailleurs , plus les Allemands étaient remplis de l'amour de la liberté, plus ils devaient être aigris contre les Français, qu'ils accusaient d'avoir, par une légèreté inconcevable , guillotiné pour la république, et fusillé pour l'empire. Dans ce moment où toutes les passions étaient réveillées, les Allemands ne pouvaient point considérer que les erreurs dans lesquelles la France était tombée pendant la révolution, provenaient de ce qu'elle n'avait point encore acquis l'expérience nécessaire; que le fantôme de gloire sous l'empire n'avait jamais séduit la partie saine de la nation ; que dans ce moment un gouvernement militaire était aussi odieux à la nation française qu'à l'Europe, et qu'elle saurait bien s'en délivrer elle-même.

La chambre des représentans a assez montré quelles étaient les dispositions à cet égard.

Enfin, une autre cause de l'empressement avec lequel les Allemands volèrent aux armes contre Bonaparte, était l'espérance de pouvoir se livrer entièrement et avec sécurité à leurs affaires intérieures, quand une fois ils seraient délivrés de cet ennemi redoutable.

# CHAPITRE VIII.

### De la lutte entre les Peuples et les Gouvernemens.

LES efforts et les sacrifices de tout genre que les Allemands avaient faits en 1815 à l'appel de leurs princes, les promesses renouvelées à la fin du congrès de Vienne, et le projet de constitution germanique, publié à la suite des actes du congrès, tout avait fortifié leur espoir de se voir bientôt au but de leurs vœux.

Les personnes qui ont fréquenté des Allemands à Paris, se rappellent sans doute la confiance qu'ils témoignèrent d'obtenir bientôt des constitutions libérales. Ils se croyaient déjà plus avancés que les Français ou les Anglais ne le furent à la suite de désastreuses révolutions. Ils pensèrent que chez eux l'établissement de la liberté ne serait accompagné ni de troubles ni d'excès.

Les hommes éclairés s'aperçurent qu'il y avait erreur dans ce calcul. En effet, dans toutes les anciennes monarchies, il y a des castes

privilégiées ; il est impossible d'accorder de
nouveaux droits aux autres castes , sans diminuer ou détruire les priviléges des premières.
Or , l'égoïsme est trop commun chez les hommes ordinaires , pour que ceux qui possèdent
des droits avantageux et qui flattent leur or-
gueil, ne cherchent à les défendre ; et comme
ce sont eux qui entourent continuellement le
souverain , ils exercent toujours du pouvoir
sur son esprit, et paralysent sa bonne volonté et
l'amour qu'il porte à son peuple. Il doit y avoir
opposition de leur part à ce que de nouveaux
droits ne soient accordés à la nation ; de cette
opposition doit naître une lutte entre les deux
partis, lutte dont il serait difficile de prévoir les
conséquences.

Voilà précisément ce qui est arrivé en Allemagne. Au commencement de la guerre contre
les Français, les princes, les peuples s'élancè-
rent avec ardeur au-devant d'une nouvelle
époque. Le roi de Prusse qui s'était vu pendant plusieurs années dans un état d'humilia-
tion indigne d'un successeur de Frédéric II,
dut être étonné de se trouver à la tête d'une
armée nationale de trois cent mille hommes.
Les généreux efforts des Prussiens méritèrent

sa reconnaissance , et les promesses les plus libérales en furent la preuve. Mais bientôt les premières habitudes durent prendre le dessus. Les nobles, les hommes privilégiés qui l'entouraient, firent sentir leur influence. L'hésitation qu'on éprouve nécessairement quand on est près de sortir d'une situation pour entrer dans une autre, les changemens considérables qui doivent se faire dans une monarchie qui d'absolue devient constitutionnelle , toutes ces causes contribuèrent à retarder l'exécution de la promesse du roi de donner une constitution à ses états.

D'un autre côté, le peuple qui s'était flatté, avec trop de facilité peut-être, d'obtenir cette constitution , dut voir avec déplaisir ce long retardement dans l'accomplissement de ses vœux. Son impatience éclata hautement en diverses occasions. J'ai déjà parlé de la députation envoyée à Vienne pendant le congrès. En 1815 , une pétition des états de Prusse demanda , à Paris, la mise en activité de la constitution et le renvoi de la *landwehr*, destinée à défendre les frontières de la patrie, et non à tenir garnison dans un pays étranger (1).

Presque tous les hommes éclairés, les patriotes, se trouvaient à l'armée, soit comme volontaires, soit dans la *landwehr*. Dans ces momens de crise où le patriotisme et l'amour de la liberté n'étaient point regardés comme des crimes, les places dans la chancellerie des armées étaient occupées presque exclusivement par des hommes libéraux.

Quand l'armée allemande fut donc retournée dans sa patrie, la lutte entre les deux partis devait éclater avec plus de violence que jamais. Les justes plaintes de ceux qui se voyaient trompés dans leur espoir, aigrirent la cour, où le-parti *militaire* ou *aristocratique* ( c'est-à-dire le parti qui veut que toutes les places

---

(1) Les journaux ont assuré nouvellement que S. M. le roi de Prusse avait annoncé que la constitution, rédigée par le prince de Hardenberg, serait mise en activité le 1er. janvier prochain. Quelques journaux allemands contredisent cette nouvelle. J'espère qu'elle sera vraie, et que la constitution qu'on devra au prince de Hardenberg, contentera les Prussiens. Dans ce cas ce sera bien la première constitution libérale sortie de la tête d'un premier ministre vieilli dans la routine du pouvoir absolu.

soient réservées pour les nobles, et que le militaire occupe le premier rang dans l'état )
prit entièrement le dessus sur le parti *démocratique* ( c'est-à-dire celui qui croit que les
gouvernemens sont faits pour les gouvernés;
que le peuple doit jouir d'une représentation,
et que les places doivent être le prix du mérite,
et non de la naissance ). Alors le roi supprima
les sociétés secrètes, qu'il avait lui-même en-
couragées quand il avait besoin d'hommes dévoués et courageux ; qui, sous la protection
royale, étaient entièrement innocentes, mais
devaient cesser de l'être, dès qu'elles furent
l'objet d'une persécution. Les conseillers du roi
n'ont sûrement pas suivi les maximes de la
saine politique, qui défend de faire des ennemis là où on a des amis zélés. Qu'est-ce
qui est arrivé en Allemagne? *l'union de la
vertu* a été détruite par une ordonnance royale;
ses membres, qui occupaient des places dans
l'état, en ont été privés, et les sociétés secrètes
sont plus populaires que jamais en Allemagne, et
*l'union germanique* (1) n'a point cessé d'exister.

---

(1) Nom qu'ont pris plusieurs sociétés qui se sont
réunies.

D'autres mesures annoncèrent encore la victoire que le parti militaire avait remportée dans les conseils du roi. Le général Gneisenau, qui organisa la *landwehr*, qui fit tous les plans de campagne et de combats pour Blücher, dont on le dit la tête, ce général, que l'opinion publique honore comme un des chefs du *Tugendbund*, un des hommes les plus estimés, les plus admirés par l'Allemagne, fut renvoyé du commandement de l'armée prussienne et des provinces sur la rive gauche du Rhin. Les regrets que les habitans de ces provinces firent éclater à son départ, les honneurs qui lui furent rendus par les villes où il passa, témoignent assez que les temps ne sont plus où la disgrâce de la cour pouvait flétrir un homme dans l'opinion publique.

Le baron de Stein, un des patriotes allemands les plus ardens, les plus désintéressés; qui en 1813 et 1814 était gouverneur général des provinces reconquises sur la France; qui en 1815 siégeait aux conseils du roi de Prusse et de l'empereur de Russie, quitta la Prusse, et se retira à sa campagne dans le Nassau.

Justus Gruner, qui fut poursuivi par Bonaparte comme un de ses ennemis les plus dangereux, comme membre distingué du *Tugend-bund,* et qui, dans cette qualité, fut obligé de chercher un refuge en Autriche, où on se saisit de ses papiers, et où il fut enfermé dans une forteresse de la Transylvanie ; qui en 1814 et 1815 occupa des places très-élevées dans les armées alliées, quand on avait besoin du patriotisme et de l'enthousiasme du peuple, fut envoyé dans un exil honorable, comme résidant de la Prusse auprès de la confédération suisse.

Il serait inutile de citer ici tous les hommes marquans qui furent éloignés des affaires pour cause de leur opinion, qui est celle de tous les hommes distingués en Allemagne. Au lieu de la liberté de la presse, qui avait été assurée dans les promesses de constitution et par le projet de confédération germanique, une censure rigoureuse fut établie en Prusse. Les journaux populaires, qu'on avait encouragés lorsqu'on les croyait utiles, furent supprimés.

Malgré cette disposition de la cour, les libéraux en Prusse ne se sont point laissé décourager. Ils continuent toujours d'élever la voix pour demander ce qu'on leur a si souvent et si solennellement promis ; et tout porte à croire que le roi, qui doit sentir toutes les obligations qu'il a à son peuple, et que lui imposent ses promesses et même ses sermens, cédera à la fin au torrent de l'opinion publique, auquel la résistance ne fait que donner de nouvelles forces, et qui entraîne et renverse infailliblement celui qui voudrait arrêter son cours.

La lutte entre le peuple et le roi de Wurtemberg est connue du public ; on sait qu'en 1814 la pénurie des finances et la triste situation du pays forcèrent ce prince de convoquer les états, abrogés depuis qu'à l'aide du protecteur de la confédération du Rhin, il avait détruit la constitution que Pitt regardait comme la plus parfaite du Continent (1). Ces états n'eurent rien de plus pressé que d'en demander le rétablissement. Le roi en proposa une nouvelle qui fut rejetée à l'unanimité. La dissolution de l'assemblée fut prononcée, mais bientôt l'opinion publique força le gouvernement à la rappeler. Les habitans des villes et des communes signèrent tous des adresses pour approuver la conduite de

_______________

(1) Ce fut en 1805 que le roi, d'après son bon plaisir, déclara la constitution abolie, et annonça que dorénavant sa volonté royale serait l'unique loi pour ses sujets.

leurs représentans, dont l'opinion était l'expression des vœux de tous leurs commettans. Alors des commissaires furent nommés par le roi et par l'assemblée pour s'accorder sur les points contestés. Cette commission n'a pu jusqu'ici s'entendre ; mais l'assemblée des états a eu souvent occasion de montrer son courage et son dévouement aux intérêts du peuple : en voici des exemples. Le roi avait établi des impôts onéreux au peuple, au moment même qu'il venait de recevoir une partie des sommes qui lui étaient accordées sur les sept cent millions payables par la France, les subsides stipulés avec l'Angleterre au commencement de la guerre, et les indemnités pour le passage des troupes autrichiennes et russes par le pays. L'assemblée des états lui représenta la misère du peuple, qui était dans l'impuissance de payer les nouveaux impôts, et demanda que les sommes que venait de recevoir le gouvernement fussent employées pour le service public, et non versées dans le trésor royal. A l'appui de cette demande l'assemblée rappela que, quand le Wurtemberg, dans les guerres antérieures, avait eu à payer des contributions à la France, le peuple et non le roi les avait payées, que le peuple et non le roi avait fourni les sommes nécessaires pour mettre l'armée en campagne; enfin, que c'étaient les communes et les villes qui avaient souffert par le passage des troupes étrangères, et non le trésor royal. Plus tard, le gouvernement ayant fixé le budget sans avoir consulté les états, ceux-ci remirent au roi une adresse, dans laquelle ils supplièrent S. M. de retirer ce budget, en lui signifiant que, s'il voulait le mettre en exécution, ils se verraient obligés de dispenser le peuple de l'obligation de payer les impôts. L'assemblée ne fut pas dissoute après cette adresse ; le roi se contenta de l'accuser de tenir un langage révolutionnaire. Cette modération ne doit pas nous étonner ; les états ont leur appui dans l'opinion publique, qui aurait pu forcer le roi une seconde fois de les rappeler après les avoir dissous.

En Bavière, il y a deux peuples, l'un allemand, l'autre d'origine sclavonne et ne parlant pas l'allemand. Le premier, qui est composé des habitans des provinces sur le Rhin, ayant appartenu à la France, et de quelques provinces avoisinantes, est au niveau de la civilisation et des lumières du siècle; il désire par conséquent voir remplacer son gouvernement

absolu par un régime constitutionnel : le second, qui habite les provinces formant l'ancienne Bavière, est encore dans l'enfance de la
civilisation, et ne peut sentir par conséquent
le besoin de la liberté. Le gouvernement, entièrement militaire et absolu, ne paraît pas dis-
posé à céder aux vœux de la partie éclairée du
peuple. Jusqu'ici, il n'a pas même donné l'espoir d'imiter ces gouvernemens paternels qui
ont noblement sacrifié une partie de leurs
droits au bonheur de leurs sujets. Le cabinet
de Munich vient de conclure une alliance intime avec celui de Vienne, contre lequel il
avait combattu si long-temps. Ainsi, les libéraux de la Bavière ont vu s'élever une grande
difficulté à l'accomplissement de leurs désirs;
car, quand un gouvernement, pressé par le
peuple de lui accorder de nouvelles libertés,
s'allie avec un gouvernement absolu, on peut
en conclure que jamais, de son gré, il ne fera
les concessions demandées.

Parmi les petits états, ceux qui long-temps sui-
vaient un système libéral, y sont restés fidèles;
ainsi les grands-ducs de Hesse-Darmstadt, de
Saxe-Weimar, de Nassau, et plusieurs princes des branches saxonnes, ont donné à leurs

sujets des constitutions représentatives qui leur garantissent la liberté individuelle , celle de la presse (1) et des cultes , etc. Le grand-duc de Saxe-Weimar, adoré par le peuple dont il

---

(1) Pour prouver jusqu'à quel point la liberté de la presse est grande à Weimar, il suffira de citer le passage suivant, traduit littéralement des *Archives Constitutionnelles*, imprimées à Weimar, et qui sont sans contredit les feuilles les plus libérales qui existent maintenant en Europe : « On a dit de Bonaparte » qu'il était un *jacobin* couronné. Cette observa- » tion est juste; mais elle est applicable à plusieurs » princes et rois qui croient détester tout jacobinisme » et qui détestent en vérité ce nom. Mais nous voyons » *partout le bonnet rouge* où on viole les droits du peu- » ple et ceux des membres de la société. Il est tout aussi » possible qu'un roi soit *révolutionnaire* qu'un de » ses sujets. Le prince, qui méprise les droits de » l'homme, ses *sermens* et son devoir, qui cherche » de toute manière à ériger sa volonté en loi et à » sanctionner pendant toute sa vie le despotisme , et » le *ministre*, dont l'âme servile veut établir le pou- » voir absolu de son maître sur les ruines de la li- » berté du peuple, sont des *révolutionnaires* au- » tant que le sujet qui veut détruire le trône et » dissoudre tous les liens existans de la société. » ( *Archives Constitutionnelles* , premier volume , page 13.)

est le père, vient de faire une chose qui lui a acquis des droits, non-seulement à la reconnaissance de ses sujets, mais à celle de tous les Allemands, qui espèrent que l'exemple qu'il a donné ne sera pas inutile. Tandis que les autres princes du second ordre mettent leur gloire à entretenir un état militaire hors de proportion avec le nombre de leurs sujets, déjà ruinés par les longues guerres dont l'Allemagne a été le théâtre, le grand-duc de Weimar a réduit ses troupes au minimum nécessaire pour occuper les postes indispensables. Cette sage mesure l'a mis à même de diminuer beaucoup les impôts et d'alléger les fardeaux du peuple, sans compromettre en rien la sûreté de ses états, ou l'influence qu'il peut exercer en Allemagne. Car, dans le cas qu'une guerre nationale rendît la coopération du Weimar nécessaire, le grand-duc est sûr de trouver, dans la *landwehr*, une armée plus nombreuse et plus brave que ne le lui auraient donnée les troupes permanentes.

Que les princes qui fondent leur pouvoir sur la force et sur l'arbitraire, entendent mal leurs intérêts! Tandis que le grand-duc de Saxe-Weimar se fait adorer par le peuple dont le bonheur est son ouvrage ; tandis que, par sa

conduite aussi libérale que sage , il s'est con-
cilié l'estime de l'Allemagne et de l'Europe , il
a entouré sa personne et sa cour d'un éclat
particulier, et il n'y a point de sacrifices que
ses sujets ne fassent pour lui et pour sa maison.
Le landgrave de Hesse-Cassel n'a point suivi
son exemple; à peine de retour dans ses états ,
il annula la vente des biens nationaux , les fit
restituer aux anciens propriétaires, sans rem-
bourser les nouveaux. Un grand nombre de
personnes qui avaient occupé des places sous
la domination étrangère, furent obligées de
quitter leur patrie. Tous les actes du gouvernement westphalien furent annulés. En
vain M. le baron de Stein ( alors gouverneur général des provinces reconquises sur la
France) écrivit-il une lettre à l'électeur, dans
laquelle il lui représenta tous les maux qu'un
pareil système devait causer ; en vain il lui représenta que sa conduite était entièrement opposée à celle suivie par les autres souverains. Plus
tard ce prince établit dans ses états une censure
qui , pour la sévérité, ne peut être comparée
qu'à celle qui existe en Espagne ; aussi le
Hesse - Cassel est presque réduit à regretter
un gouvernement dont la destruction lui avait

causé tant de joie. L'armée, qui, dans les autres états allemands, est dévouée au parti aristocratique, est ici du parti contraire. Plusieurs
mesures prises à son égard avaient mécontenté
surtout les officiers subalternes (1). Ils se ras-
semblèrent et firent une adresse aux états, pour
demander leur intervention en leur faveur.
Tous la signèrent, à l'exception de trois. Deux
officiers furent chargés de la présenter aux
états. A peine arrivés à Cassel, ils furent
arrêtés et mis en prison. Ceux qui avaient
signé l'adresse, demandèrent à l'électeur de
partager le sort des deux qui étaient arrêtés et
qui n'étaient pas plus coupables que les autres (2). On ne fit pas attention à leur juste

---

(1) Par officiers subalternes on entend ici les officiers du grade de sous-lieutenant jusqu'à celui de capitaine inclusivement.

(2) Comme cette affaire n'a pas été communiquée
par les journaux français, je ne peux me refuser le
plaisir de donner ici la traduction d'un journal allemand qui en a rendu compte : « Le capitaine d'état-
» major de l'artillerie Huth, et le lieutenant en pre-
» mier de Rotsmann, avaient été mis aux arrêts au
» château, comme instigateurs de l'entreprise. La

demande. Les deux officiers furent condamnés sans jugement militaire, sans forme judiciaire, à six mois-d'arrêt et à être chassés

---

» décision de leur sort fut long-temps inconnue, et
» le public attendait avec impatience s'ils seraient
» punis et de quelle manière. Jamais encore il n'é
» tait arrivé dans ce pays une affaire qui excitât si
» puissamment l'intérêt général, qui se montra de
» toutes les manières. Les officiers reçurent, non-
» seulement de leurs freres d'armes, mais de tous les
» habitans de Cassel, les preuves les moins équi
» voques d'estime; on se fit un plaisir de les pour
» voir abondamment de tout ce qui pouvait leur
» être agréable. La nuit on venait leur donner des
» sérénades sur la Fulde qui coule le long du châ
» teau. Un officier passant avec la garde montante
» sur le pont de ce fleuve, ayant aperçu le lieutenant
» de Rotsmann, commanda : « Armes au bras ! » et
» passa devant le prisonnier comme il aurait fait
» devant le prince. Les pasteurs saisirent cette occa
» sion pour encourager leurs auditeurs à la persévé
» rance et au courage dans cette lutte pour la liberté
» et la justice; et, prenant pour texte l'évangile de
» saint Luc, chap. xii, verset 32, ils montrèrent,
» d'après l'exemple des apôtres, comment la con
» stance et les efforts réunis, même d'un petit nom
» bre d'hommes, peuvent faire triompher une bonne

du service de leur pays. A peine ce jugement fut-il connu, que tous les officiers subalternes donnèrent leur démission, et plusieurs d'entre

---

» cause. On blâma si généralement la conduite des
» trois officiers qui s'étaient séparés de la cause de
» leurs frères d'armes, qu'ils reçurent leur congé
» dans leur logement. Les esprits étaient dans cette
» disposition, quand l'ordre suivant, donné sans juge-
» ment militaire, sans forme judiciaire, décida l'af-
» faire : « ORDRE, CASSEL, 20 juin. Le capitaine de l'é-
» tat-major de l'artillerie Huth, et le lieutenant en
» premier du bataillon des grenadiers Haller de
» Rotsmann, sont condamnés, le premier, pour avoir
» abusé de son congé, le second, pour en avoir pris
» sans l'avoir demandé, et tous deux pour avoir
» séduit les officiers du régiment l'Électeur et des ba-
» taillons de chasseurs, délits spécifiés par l'article 5
» des règlemens militaires, à six mois d'arrêt dans
» une forteresse et à être renvoyés du service élec-
» toral, pour servir d'exemple aux autres. Les capi-
» taines d'état-major Haustein, Fenner et Vultéjus
» (les trois officiers qui s'étaient séparés de la cause
» commune), qui se sont conduits d'une manière
» exemplaire dans cette affaire, sont avancés au grade
» de capitaines en second ». Comme cette affaire
» avait été long-temps indécise, et que cet ordre ne
» fut publié que plusieurs semaines après l'arresta-

eux se sont embarqués pour l'Amérique. Ainsi l'électeur s'est privé des services de ses plus braves officiers, qui auraient versé jusqu'à la der-

---

» tion des deux officiers, on a soutenu que l'électeur
» avait consulté le gouvernement prussien sur les
» mesures à prendre. Mais ceci paraît invraisembla-
» ble, puisque l'électeur est d'un caractère indépen-
» dant, qui ne prend pas conseil des autres dans ses
» résolutions. Cependant on ne publia pas cet ordre
» sans crainte, car la garnison fut dispersée et deux
» bataillons furent éloignés de Cassel ; le prince élec-
» toral ne passa pas la nuit au palais, mais se retira à
» Wilhelmshohe. De pareilles précautions étaient su-
» perflues, et la crainte qui les avait inspirées mal fon-
» dée ; car tous les officiers détestèrent le crime et la
» sédition, et jamais ils n'eurent d'autre intention que
» celle de défendre leurs droits d'une manière légitime
» et modérée. Environ dans le même moment que cet
» ordre fut publié, les feuilles de l'*Observateur Alle-*
» *mand*, qui rendaient compte du commencement
» de cette affaire, arrivèrent à Cassel. Le gouverne-
» ment les fit arrêter à la poste. Ceci ne servit qu'à
» donner plus de publicité et plus d'importance aux
» observations d'un écrivain impartial. On fit venir
» les numéros arrêtés des pays voisins, et ils furent
» lus avec avidité. Vains efforts qu'on fait pour ca-
» cher la vérité ! croit-on pouvoir arrêter la voix de

nière goutte de leur sang pour leur patrie et leur prince, si on ne les avait pas traités injustement.

Dans le grand-duché de Bade, la lutte entre

---

» l'opinion publique, la voix de la justice, qui dans
» nos jours a acquis tant de force et de puissance?
» Elle se fait entendre avec un pouvoir irrésistible,
» et ceux qu'elle attaque sont bientôt écrasés. Rien
» ne peut de nos jours rester caché sous le voile des
» ténèbres; et, si une injustice est commise sur les
» bords de la Baltique, un cri puissant de mécon-
» tentement s'élève dans tous les pays allemands, et
» retentit des montagnes de la Rhætie.

» Après que cet ordre eut été publié, les officiers
» n'hésitèrent pas un moment sur ce qu'ils avaient à
» faire; tous les officiers subalternes de tous les régi-
» mens demandèrent leur démission, en observant
» dans cette démarche les formes prescrites. Chaque
» officier remit au commandant de son régiment sa
» demande, conçue à peu près en ces termes : « En
» signant l'adresse aux états, l'exposant a pris sous sa
» parole d'honneur des obligations qui le forcent à
» demander sa démission, puisqu'il ne veut servir sa
» patrie et son prince qu'en homme d'honneur ». Les
» officiers agirent dans toute cette affaire avec un
» accord et une dignité qui ont augmenté encore
» pour eux l'estime publique et l'intérêt qu'on pre-
» nait à leur sort. Quelques officiers sans fortune et

le peuple et le gouvernement , a été très-vive
depuis long-temps. Une députation , choisie par
toutes les classes des citoyens , vint demander au
grand-duc une constitution représentative pro-

---

» mariés furent dégagés par leurs frères d'armes de
» l'obligation de donner leur démission; mais aucun
» d'eux ne voulut profiter de ce prétexte : tous dé-
» clarèrent que celui qui se séparerait de la cause
» commune serait déshonoré, et que des intérêts par-
» ticuliers ne l'excuseraient pas. Ces officiers, en s'ex-
» posant ainsi volontairement au besoin et à la mi-
» sère, ont prouvé la bassesse des formules avec les-
» quelles la lâcheté et l'égoïsme cherchaient à s'excu-
» ser sous la domination étrangère : « J'ai une femme
» et des enfans, je ne peux mourir de faim , etc. » Ils
» ont prouvé qu'aucune considération ne doit faire
» dévier du sentier de l'honneur. Un seul officier de
» tous les corps s'est montré indigne de servir sous
» les drapeaux de l'Allemagne. Il refusa de donner sa
» démission, et déclara qu'il dénoncerait celui qui
» le premier avait donné ce conseil aux autres. Aussi
» il fut insulté à la parade; et, quand il chercha un
» refuge auprès des officiers supérieurs, ceux-ci le
» renvoyèrent avec mépris. » Je m'abstiens de faire
des réflexions sur cette affaire; mais on peut juger par
cette pièce de la manière dont les journaux allemands
rendent compte des événemens.

mise à tous les peuples de l'Allemagne. Une pareille députation devait déplaire à un prince accoutumé à gouverner d'une manière absolue. Aussi défendit-il à ses sujets de se mêler dorénavant des affaires de l'état. Deux professeurs de Heidelberg, dont le langage hardi avait déplu, furent arrêtés ; mais les démonstrations énergiques des étudians de cette université les firent bientôt remettre en liberté.

Depuis, le désir généralement exprimé du peuple arracha au grand-duc la promesse de donner une constitution dont la publication était fixée au premier août 1816. A cette époque les Badois apprirent par une ordonnance, que, comme la diète germanique n'était point encore ouverte, la constitution, que S. A. R. désirait être en harmonie avec la constitution germanique, resterait provisoirement en portefeuille. Depuis cette ordonnance, on craint, dans cet état, que la charte tant désirée ne soit pour long-temps encore ensevelie dans les archives du gouvernement.

Dans le royaume de Saxe, tout est resté sur l'ancien pied. La noblesse y est tout, le peuple rien. Mais, depuis très-long-temps, la Saxe n'a eu que des princes dont le gouvernement fut entièrement paternel. Ceci, et le respect que les Saxons ont pour les malheurs qu'a éprouvés le roi actuel, les empêchent de prendre part au mouvement général des esprits en Allemagne.

# CHAPITRE IX.

*Du rapprochement de la nation allemande et de
la nation française, et de la nécessité d'une
alliance entre ces deux peuples.*

J'ai cherché à exposer dans le chapitre pré-
cédent la lutte qui existe entre le peuple et le
gouvernement de l'Allemagne, à l'égard de
la politique intérieure. Cette lutte ne se borne
pas là ; elle s'étend aussi à la politique extérieure. Celle que suivent les souverains est entièrement opposée à celle que les hommes
éclairés désirent de voir suivre. Et qu'on ne
croie pas que la lutte sur un pareil sujet soit
de peu d'importance pour un peuple ; elle l'est
à un très-haut degré, et peut le devenir encore davantage par le cours des événemens.

Il est de l'intérêt de tout peuple que son gouvernement entretienne des relations amicales
avec les autres puissances. Mais, dès que le gouvernement d'une nation éclairée, et qui veut
être libre, s'allie étroitement avec un autre
gouvernement dont la forme est et doit être

encore long-temps militaire et absolue, cette nation doit s'inquiéter d'une pareille alliance, qui suppose toujours conformité d'intérêts et de principes politiques chez les parties contractantes ; elle doit s'en inquiéter surtout, si elle se trouve dans ces momens critiques où la lutte entre les anciennes habitudes et les idées du siècle donne une nouvelle importance aux actes des gouvernemens.

La Prusse, dont les sujets peuvent être placés au rang des peuples les plus avancés en lumières, et doivent par conséquent craindre et détester à la fois toute forme de gouvernement militaire, s'est liée très-étroitement avec le cabinet de Saint-Pétersbourg. Cette alliance a eu pour conséquence que les formes du gouvernement russe ont été établies en Prusse, où on a affecté des grades militaires aux fonctions civiles. Ceci peut être beau dans un pays d'esclaves et de grands seigneurs ; mais, dans un pays d'hommes libres, c'est une chose aussi absurde que ridicule ; et cela est d'autant plus désagréable pour les Prussiens, que chez eux il y a une lutte établie entre le parti des libéraux et le parti militaire ou aristocratique. Quand on ajoute à cela la haine qui existe entre les Allemands et les Russes, et le mépris que les premiers doivent avoir nécessairement pour les derniers, à cause de leur ignorance et de la barbarie dans laquelle ils sont plongés, et que ne cachent point les habits européens et les formes polies de leurs officiers, on sentira qu'il n'est point du tout indifférent pour la Prusse, que son monarque soit devenu l'allié intime de l'autocrate de toutes les Russies.

La partie éclairée de la Bavière, qui désire une constitution et l'établissement de la confédération germanique, a dû voir avec inquiétude son gouvernement se lier étroitement avec celui de l'Autriche, qui est absolu, et dont les intérêts sont contraires à ce que la confédération s'établisse.

Enfin, toute l'Allemagne voit avec peine les princes suivre le système du ministère anglais, système aussi contraire aux intérêts des autres peuples, qu'à ceux de la nation anglaise même.

Dans l'état actuel de la société européenne, il est impossible qu'une nation reste isolée, et il faut qu'elle trouve une alliée dans une des nations qui l'entourent.

Quelle est donc la nation avec laquelle l'Allemagne désire s'unir par les liens d'une alliance forte et durable? ce doit être une nation qui ait avec elle conformité d'intérêts et de principes: ce doit être la nation française.

Cette assertion étonnera au premier abord ceux qui se rappellent les dispositions des Allemands en 1813 et en 1815. Alors on était criminel chez eux, si on était connu pour avoir eu des relations d'amitié avec un Français. Alors, depuis l'âge de quinze ans à celui de cinquante, tout homme était jaloux de l'honneur de porter les armes contre la France. Il ne faut pas se le dissimuler, dans ces momens de passion, la haine contre la France était générale. Le peuple allemand avait été blessé dans tous ses sentimens, son amour-propre national avait été offensé de toutes les manières.

D'un autre côté, les deux invasions de 1814 et de 1815 sur le sol de la France ont dû y laisser une grande aigreur contre les Allemands (1), dont les armées, il faut l'avouer,

_____

(1) Il est nécessaire de rappeler ici qu'en parlant d'armées allemandes, je ne prétends pas parler des armées autrichiennes : ainsi l'incendie des villages de

se sont fait détester plus que celles des autres nations.

Mais, chez les peuples éclairés, toutes les passions, excepté celle de la liberté, ne peuvent durer long-temps. Dès que leurs causes n'existent plus, elles doivent s'apaiser : les hommes éclairés peuvent alors faire entendre leur voix pour ramener les peuples à des idées plus justes, et ils finissent toujours par y réussir.

Ainsi, les hommes libéraux en Allemagne acquirent en 1815 la conviction que la France ne voulait point d'un gouvernement militaire; qu'alors, après avoir passé par toutes les erreurs de la révolution, après avoir gémi sous une tyrannie de dix ans, elle voulait toujours ce qu'elle voulait en 89, c'est-à-dire ce que les Allemands veulent aujourd'hui.

Ainsi donc, il y a conformité de principes entre la nation allemande et la nation française, en ce que toutes deux veulent fortement un régime constitutionnel, en ce que toutes deux veulent jouir de l'indépendance.

---

l'Alsace, etc., les dévastations que ces provinces ont éprouvées, ne peuvent être attribués aux armées allemandes.

Cette conformité de principes entraîne nécessairement conformité d'intérêts. Car, puisque l'Allemagne et la France veulent des constitutions libérales, qu'elles sont supérieures en civilisation et en lumières aux autres nations du continent, elles ont intérêt à s'unir contre les gouvernemens despotiques, dont la tendance doit être opposée à celle de ces pays.

Comme la France et l'Allemagne veulent avant tout être indépendantes de toute puissance étrangère, elles doivent s'unir contre le système de politique embrassé par le ministère actuel de l'Angleterre, qui veut soumettre l'Europe entière à son influence, et qui, par son or, peut soulever contre une nation tous les peuples chez lesquels l'action qu'exerce l'opinion publique n'est pas plus forte que l'action exercée par les gouvernemens. Le ministère anglais par son système commercial, basé sur le monopole et la domination exclusive des mers, qui sont l'apanage libre de tous les peuples, doit exciter encore davantage à s'unir contre lui les peuples jaloux de leurs droits et de leur liberté, dont la prospérité est menacée par ce système.

L'Allemagne et la France ne peuvent

contre-balancer qu'au moyen d'une alliance étroite l'influence qu'ont exercée jusqu'à ce jour la Russie et l'Autriche, pays entièrement militaires et conquérans, et qui doivent rester tels encore pendant long-temps. La Russie surtout, renfermant des peuples barbares et pauvres, doit faire craindre pour l'avenir ; car, pour le présent, l'Europe est rassurée par le caractère du souverain éclairé qui gouverne ce vaste empire. Malheureusement le règne des bons princes n'est pas éternel, et les deux grandes nations éclairées de l'Europe auront besoin peut-être un jour de toutes leurs forces réunies, pour s'opposer au système conquérant des peuples esclavons.

Dès que la passion qui avait animé pendant un moment l'Allemagne contre la France, fut apaisée, les hommes éclairés de ce pays, s'étant aperçus de cette conformité d'intérêts et de principes, purent faire entendre la voix de la raison. Bientôt les journaux populaires changèrent de langage ; ils ne représentèrent plus la nation française comme voulant acquérir le titre de *grande nation* en dominant sur l'Europe par la terreur ; ils plaignirent les malheurs qu'elle éprouvait dans ces momens, et

reconnurent que les armées et les douaniers,
qui avaient mérité la haine des autres peuples,
n'étaient point la nation, dont la majorité
détestait toujours le gouvernement militaire de
Bonaparte.

En France, les hommes éclairés peuvent
également se faire entendre ; ils peuvent dire
que, si des corps d'armée de Prussiens, de Ba-
varois, de Wurtembergeois, ont exercé quelques ravages dans la France, c'est un tort qu'on
peut reprocher à toutes les armées, et aussi aux
armées françaises. Ils peuvent dire que ces
corps, composés de troupes de ligne (1), n'étaient
point la nation allemande, et qu'ils sont dé-
testés dans leur patrie même, comme des ins-
trumens entre les mains du parti aristocratique.

Enfin, puisque les hommes éclairés ont réuni
leurs efforts en Allemagne pour ramener la nation à des idées plus justes sur la France, et
pour lui prouver la nécessité d'une alliance avec
le seul peuple qui ait avec elle conformité d'intérêts et de principes, il est du devoir des écrivains

---

(1) Partout on n'a eu qu'à se louer de la conduite
des corps de volontaires ; les régimens de la landwehr
ont également observé une discipline très-sévère.

éclairés, en France, de diriger l'opinion publique vers le même but, de prouver que c'est cette alliance seule qui peut rendre à la France le rang qui lui appartient parmi les nations ; qu'elle n'a rien à espérer des gouvernemens absolus et militaires, par la raison que leur intérêt est de la tenir dans un état d'abaissement qui ne leur laisse rien à craindre d'elle (1).

On a pu voir que le système de politique extérieure adopté par les souverains est contraire aux intérêts des peuples. En revanche, l'alliance que prescrit maintenant l'opinion publique aux gouvernemens, est celle qui leur plaît le moins dans la situation actuelle des affaires. Non que les princes de l'Allemagne aient des intentions hostiles envers le sage monarque qui a donné la Charte constitutionnelle à la France, et dont les

---

(1) La puissance d'un pays ne réside pas seulement dans le nombre de sa population, mais aussi dans l'industrie et dans les lumières de ses habitans. Ainsi la France est infiniment plus puissante que l'Autriche et la Russie, d'autant plus qu'elle est composée de parties homogènes ; l'Allemagne seule pourrait lui être comparée pour la puissance, si elle était réunie par une confédération durable, ou si elle formait un seul corps politique.

efforts tendent toujours à assurer le bonheur de
ses sujets, en leur assurant les droits et les libertés dont les progrès de la civilisation ont fait
sentir le besoin ; mais, comme c'est la France qui
la première arbora les étendards de la liberté et
proclama les droits qu'ont les peuples européens
à l'abolition des priviléges et à des constitutions
représentatives, le parti aristocratique, qui veut
empêcher que la nation allemande ne suive cet
exemple, cherche à jeter de la défaveur sur tout
ce qui est français ; il cherche à ranimer la
haine momentanée que la domination de Bonaparte avait excitée contre la France ; il repré-
sente, dans les journaux qui lui sont dévoués,
ce pays comme rempli de *bonapartistes* et de
*jacobins*, tandis que l'immense majorité de
ses habitans est composée de partisans de la
monarchie constitutionnelle. Mais ces efforts
sont inutiles : le peuple allemand est trop éclairé
pour ajouter foi aux déclamations d'un parti
qui verrait avec indifférence la nation dans l'é-
tat le plus déplorable, pourvu qu'il conservât ses
priviléges.

On pourra me demander à quoi servira
à la France la disposition amicale de la nation allemande ; à quoi servirait à l'Allemagne

la même disposition de la France , puisque la politique extérieure des peuples est entièrement entre les mains des gouvernemens. Il est vrai que l'opinion publique et le désir général ne sont presque jamais consultés au sujet des déclarations de guerre et des transactions politiques : mais , s'ils ne sont point consultés , presque toujours ils décident du succès, et quelquefois même on a vu des gouvernemens céder à leur influence, et suivre pendant long-temps , dans leur politique extérieure , la marche qu'ils leur prescrivaient.

Ainsi le gouvernement de la république des Sept Provinces Unies suivait, dans ses relations avec la France et l'Angleterre , une marche certaine , réglée sur la volonté générale. Les habitans de cet état sentaient que la première de ces puissances était son alliée naturelle , la seconde, son ennemie implacable. La mauvaise politique de Louis XIV força la Hollande de s'unir avec l'Angleterre contre la France ; mais bientôt l'intérêt de la nation la ramena à son ancien système, et l'attachement du gouvernement à l'Angleterre fut une des causes principales de la révolution qu'a eue ce pays. Indignés de la mauvaise foi qu'ils ont éprouvée de la part des gouvernemens révolutionnaires, ruinés par la banqueroute que Bonaparte fit faire, et par les spoliations des douaniers, les Hollandais partagèrent pendant quelques instans la haine alors générale contre les Français. Cette aversion n'existe déjà plus, et la haine contre le système du gouvernement anglais est plus forte que jamais.

Je pourrais citer ici plusieurs exemples de l'action qu'exerce l'opinion publique sur les événemens. Je n'en rapporterai qu'un seul, pris dans l'histoire de notre temps. La coalition de Pilnitz s'était formée pour combattre la révolution française, favorisée par les peuples. Cette guerre était donc en opposition avec l'opinion publique, et, en l'entreprenant, les souverains n'avaient point consulté le désir général. Qu'en arriva-t-il ? Plusieurs pays appelèrent les Français dans leur sein, et les secondèrent par leurs trésors et leurs soldats ; en Angleterre et dans le nord de l'Allemagne, des clubs furent formés pour propager les idées de la révolution et pour exciter à sa défense : aussi la coalition fut battue, dissoute, et le cabinet de Saint-James, lui-même, forcé de signer la paix d'Amiens. Vingt ans plus tard, quand un homme, sorti de la révolution française, voulut profiter de l'influence qu'elle avait donnée à la France sur les autres états, pour assouvir son ambition effrénée et sa soif de dominer, les peuples forcèrent leurs souverains à prendre les armes contre lui; et malgré ses talens militaires, malgré ses armées les mieux disciplinées, commandées par les plus habiles généraux de l'Europe, il fut vaincu et forcé deux fois d'abdiquer un pouvoir que les peuples ne voulaient plus laisser entre ses mains, parce qu'il en avait abusé.

Ainsi, dans la supposition que des événemens imprévus amenassent les princes allemands à déclarer la guerre à la France, il serait facile d'en prévoir la fin. Les peuples ne pourraient, à la vérité, empêcher les souverains de faire marcher leurs armées permanentes; mais ils n'auraient pour eux ni la *landwehr*, ni ces légions de braves volontaires qui ont combattu dernièrement pour la délivrance de leur patrie. Ces armées seraient alors peu nombreuses et sans enthousiasme. Elles seraient nécessairement battues.

De même, si un souverain guerrier montait sur le trône français, qu'il voulût suivre l'exemple de Louis XIV, on pourrait prédire à ses armées défaite sur défaite, et à ses entreprises ambitieuses une fin honteuse.

Les exemples que j'ai cités prouvent assez combien est grande l'influence de l'opinion publique. On pourrait prouver encore que, si cette opinion est favorable à une alliance entre la France et l'Allemagne, ce rapprochement aura lieu infailliblement. Les avantages qui résulteraient d'une alliance entre les deux nations les plus civilisées, les plus riches, les plus puissantes du continent, sont trop évidens, pour qu'il soit nécessaire de les exposer. Ce sujet pourrait fournir la matière d'un traité séparé ; et ce serait sortir du plan de cet ouvrage, que de le traiter ici. Il suffit de dire que cette alliance assurerait la tranquillité de l'Europe, fatiguée et ruinée par les longues guerres qui l'ont désolée (1).

---

(1) J'ai indiqué plus haut quel est le système de politique extérieure que prescrit l'opinion publique dans les Pays-Bas. Si cet état fait partie de la confédération germanique qui s'établira un jour, il rentre dans ce que j'ai dit de l'Allemagne. Si ses intérêts maritimes et commerciaux, et sa longue séparation de l'empire, l'empêchent d'entrer dans cette confédé-

La lutte qui existe en Allemagne à l'égard de la politique extérieure, peut exercer une grande influence sur les événemens auxquels ce pays doit s'attendre, et vers lesquels l'entraîne la lutte causée par les progrès des lumières.

---

ration, il formera le troisième anneau de la chaîne des peuples libres, contre laquelle viendraient se briser tous les efforts des gouvernemens militaires et absolus.

# CHAPITRE X.

*L'Allemagne aura-t-elle une révolution ?*

La question qui doit se présenter à tout esprit accoutumé à réfléchir sur les événemens politiques, c'est de savoir si l'Allemagne aura une révolution.

Quand on compare les époques qui se correspondent dans l'histoire des peuples, on verra aisément que l'Allemagne se trouve maintenant dans cet état critique, dans lequel l'Angleterre était placée vers le milieu du dix-septième siècle, dans lequel la France était en 1789.

Alors on était mécontent, dans ces pays, de l'ordre de choses existant. On y sentait le besoin d'établir un nouvel ordre social fondé sur des idées nouvelles. Les progrès des lumières et de la civilisation avaient rendu nécessaire un changement dans la forme du gouvernement. A cette première époque des révolutions de l'Angleterre et de la France, les novateurs les plus hardis ne pensèrent guère qu'à obtenir l'abolition des priviléges et des abus existans, et à faire accorder au tiers état de nouveaux droits.

Mais, comme les castes privilégiées s'opposèrent à ces justes prétentions, il fallut arracher aux gouvernemens ces premières concessions. Leur résistance vaincue en ôta le mérite ; elle enhardit les novateurs qu'elle avait aigris, et les encouragea à de nouvelles prétentions, en leur apprenant le secret de leur force. Alors ils ne s'arrêtèrent plus que quand il n'y avait plus rien à détruire.

L'Allemagne, comme on a pu voir dans les pages précédentes, renferme dans son sein cette cause qui a produit les révolutions de l'Angleterre et de la France. Et elle aussi elle veut que ses gouvernemens suivent la marche que doivent leur prescrire les progrès des lumières et de la civilisation. Il y a encore pour elle un motif particulier, qui seul suffirait pour produire une grande commotion ; c'est son désir de voir cesser sa division intérieure, qui compromet sa sûreté et son indépendance : elle veut parvenir à l'unité politique, qui doit lui assurer l'une et l'autre.

En examinant la situation présente de l'Allemagne, on trouve encore deux causes qui peuvent y hâter un grand mouvement. En France et en Angleterre, à l'époque des révolutions, l'amour que le peuple avait pour les souverains vertueux qui en furent les victimes (1), semblait, dans le commencement, devoir arrêter les projets hardis des *Niveleurs* et des *Jacobins*. Dans une grande partie de l'Allemagne, cet amour, ce respect qu'ont naturellement les peuples pour leurs souverains descendans des maisons au gouvernement desquelles ils sont accoutumés, n'existent plus : les échanges de territoire, qui depuis deux années fatiguent ce pays, les ont éteints entièrement. Malgré les qualités personnelles que peuvent, avoir plusieurs des nouveaux souverains ils ont d'autant moins de droits de prétendre à cet amour, à ce dévouement du peuple, que, mécontens des provinces qui leur sont échues

---

(1) Un auteur distingué par la hardiesse et l'étendue de ses idées, M. de Saint-Simon, a dit à ce sujet, dans un ouvrage qui a paru en 1814 : « Ce n'était pas le prince, c'était le trône qu'on attaquait; le hasard de la naissance l'y avait fait monter, le trône l'entraîna dans sa chute. »

en partage , ils ne les ont reçues qu'après une résistance plus ou moins longue , et ne cherchent qu'à faire de nouveaux échanges : aussi plusieurs millions d'Allemands gémissent encore sous des gouvernemens provisoires.

L'autre cause qui peut hâter en Allemagne un mouvement populaire , est la misère dans laquelle ce pays est plongé , et à laquelle la malheureuse récolte de cette année a mis le comble. Presque partout le blé, le vin, et même les pommes-de-terre ont manqué , ce qui fait craindre pour cet hiver le fléau de la famine ; fléau qui semble s'attacher aux grandes commotions politiques , pour leur donner un caractère plus terrible encore.

Ainsi on retrouve en Allemagne les mêmes causes qui ont amené les révolutions de la France et de l'Angleterre , jointes à d'autres , qui semblent devoir la rendre et plus inévitable et plus forte. On peut donc dire avec certitude que ces causes y produiront les mêmes effets , si les princes ne s'empressent pas de remplir les vœux des peuples ; car, quant à l'alternative de les faire rétrograder au point qu'ils se soumettent avec docilité au pouvoir arbitraire, aucune force ne pourrait y parvenir.

Ici se présente une seconde question, qu'il est important d'éclaircir. Si les princes allemands remplissent leurs promesses, s'ils donnent à leurs sujets des constitutions représentatives, et s'ils travaillent sincèrement à établir la confédération germanique, les peuples sauront-ils s'arrêter? ne suivront-ils point la marche de l'Angleterre et de la France? ne voudront-ils point détruire entièrement l'édifice social existant, pour en élever un nouveau?...

Non. Quand l'Angleterre fut entraînée la première dans la mer encore inconnue des révolutions, aucune expérience ne pouvait la guider. Son exemple fut inutile à la France, parce que la révolution anglaise avait été, pour ainsi dire, concentrée dans la Grande-Bretagne. Mais l'expérience qu'a donnée aux autres peuples la révolution française, qui fut en contact avec toute l'Europe, ne sera point perdue pour l'Allemagne. Elle sait qu'une république ne peut convenir aux états européens, habitués aux formes monarchiques; elle sait que c'est le gouvernement représentatif qui leur convient, et qu'en voulant aller plus loin, elle courrait le danger de tomber dans l'anarchie, qui mène infailliblement au despotisme militaire.

Mais le moindre retard peut avoir de terribles conséquences. Que les souverains de l'Allemagne s'empressent donc de profiter des leçons utiles de l'histoire ; qu'ils écoutent la voix de l'opinion publique qu'on ne brave jamais impunément ; qu'ils suivent l'exemple de ce sage monarque qui a reconnu que son plus beau titre aux yeux de la postérité était la Charte constitutionnelle qu'il a donnée aux Français, et l'exemple du digne descendant de Guillaume d'Orange qui, en donnant aux Dix-Sept Provinces, enfin réunies dans un seul état, la constitution la plus libérale, a reconnu que le trône le plus inébranlable est celui dans lequel les peuples voient la garantie la plus certaine de leurs droits et de leurs libertés. Qu'ils se souviennent surtout que ce fut la coalition de Pilnitz qui donna à la révolution française sa plus grande force et son caractère militaire, et que des secours étrangers n'affermissent jamais un trône......

Je le répète, si l'Allemagne n'obtient pas des constitutions particulières telles qu'elle les désire, si la confédération germanique ne se forme point sur des bases durables, elle aura une révolution ; révolution d'autant plus terrible qu'elle aura un but double à remplir, qu'elle devra assurer à la fois à chaque citoyen sa liberté, à la nation son indépendance.

—————FIN.